Achim Bröger

Florian passt auf sich auf

Geschichten vom Neinsagen
und Selbstbestimmen

Pädagogisch begleitet von Sandra Grimm
Mit Bildern von Julia Ginsbach

Achim Bröger,
geboren 1944, schreibt als freiberuflicher Schriftsteller Kinder- und Jugendbücher. Viele davon sind mit bedeutenden Preisen (u. a. Deutscher Jugendliteraturpreis, Sparte Kinderbuch) ausgezeichnet worden.
Seine Bücher wurden in 27 Sprachen übersetzt.

Julia Ginsbach
hat fünf Kinder, drei Ponys, vier Ziegen, drei Katzen und einen Hund. Sie lebt in einem alten Gutshaus in Norddeutschland und arbeitet sehr erfolgreich als Illustratorin für verschiedene Kinder- und Jugendbuchverlage.

Sandra Grimm
ist Diplom-Pädagogin und hat zum Thema »Neinsagen, Grenzensetzen« bereits mit Schulklassen gearbeitet.
Sie ist auch Autorin von Kinderbüchern und lebt mit ihrem Mann und Sohn in Norddeutschland.

In neuer Rechtschreibung

3. Auflage 2009
© Arena Verlag GmbH,
Würzburg 2007
Alle Rechte vorbehalten
Einband und Innenillustrationen:
Julia Ginsbach
Gesamtherstellung: Westermann
Druck Zwickau GmbH
ISBN 978-3-401-08854-9
www.arena-verlag.de

Inhalt

Liebe Leserinnen und Leser	4
Geh nicht mit Fremden!	6
Besuch am Sonntag	12
Der zerbrochene Teller	16
Marcus und die Gummibärchen	20
Die Mutprobe	24
Florian will keinen Kuss	28

Liebe Leserinnen und Leser,

»Nein, das will ich nicht!« – Das möchten wir unsere Kinder sagen hören, wenn sie von Fremden zum Mitgehen aufgefordert werden oder wenn bekannte Menschen ihre Grenzen überschreiten. Wir wünschen uns selbstbestimmte und selbstbewusste Kinder, die ihre Bedürfnisse kennen und sie deutlich machen. Aber wie sollen Kinder dies lernen?

Kinder wissen meist sehr gut, was sie mögen und was nicht. Sie merken, wenn eine Situation »komisch« wird, und sie ahnen, dass man über Dinge reden muss, die Angst machen. Kinder äußern ihr Nein nicht immer mit Worten. Manche Kinder werden still und ziehen sich zurück. Andere werden mürrisch und quengelig. Sie als Eltern kennen Ihr Kind und sein Verhalten. Ermutigen Sie es, mit Ihnen zu reden. Die Geschichten in diesem Buch bieten einen guten Anlass, über Selbstbestimmung und Gefühle zu sprechen.
Es ist schwierig und sehr mutig, Nein zu sagen, wenn größere Kinder oder Erwachsene Forderungen stellen. Erzählen Sie Ihrem Kind doch einmal von ähnlichen Situationen, die Sie – als Kind oder Erwachsener – erlebt haben. Überlegen Sie gemeinsam:

- In welchen Situationen ist es wichtig, Nein zu sagen?
- Wie kann ich Nein sagen?
- Wie kann ich – z. B. mit Gesten – zeigen, dass ich etwas nicht will?

Die Geschichte über das Petzen zeigt die Problematik von Geheimnissen. Erklären Sie Ihrem Kind, dass es Geheimnisse gibt, die sich gut anfühlen, wie zum Beispiel Weihnachtsgeheimnisse. Aber genauso gibt es schlechte Geheimnisse, die Angst machen und über die man sprechen muss. Überlegen Sie mit Ihrem Kind:

- Was sind gute Geheimnisse? Was sind schlechte Geheimnisse?
- Mit wem außer Ihnen kann Ihr Kind darüber sprechen? Mit den Großeltern? Mit der Erzieherin im Kindergarten?

Besonders schwierig ist es, im Alltag die Linie zwischen Selbstbestimmung des Kindes und elterlicher Fremdbestimmung zu finden. Ihr Kind soll seine Gefühle zeigen und Nein sagen – aber wie kann das tagtäglich aussehen? Wann akzeptieren Sie das Nein Ihres Kindes, und wann müssen Sie ihm Grenzen setzen? Erläutern Sie Ihre Entscheidungen, und lassen Sie Ihr Kind – seinem Alter entsprechend – teilhaben. Nehmen Sie seine Gefühle ernst. Seien Sie ihm auch ein Vorbild, und sagen Sie selber Nein. Überlegen Sie gemeinsam:

- Wie kann Ihr Kind Ihnen sagen, dass es etwas nicht möchte?
- Wann muss es unbedingt auf Sie hören und warum (z. B. Verkehr, Sicherheit)?

Ein wichtiges Thema ist der eigene Körper. Natürlich soll Ihr Kind lernen, mit keinem Fremden mitzugehen und auch bei Bekannten zu Grenzverletzungen Nein zu sagen. Dies ist aber nur möglich, wenn das Kind auch bei harmloseren Situationen Nein sagen darf.

Also auch zum Küsschen der Oma oder dazu, auf dem Schoß des Onkels zu sitzen. Unterstützen Sie Ihr Kind darin, seine Bedürfnisse wahrzunehmen. Überlegen Sie mit Ihrem Kind:

- Was mag Ihr Kind, was findet es schön? Und was nicht?
- Wenn ein Nein Ihres Kindes nicht gehört wird, wo kann es sich Hilfe holen?

Kinder zu einem starken Selbstbewusstsein zu erziehen, erfordert Vertrauen und Mut. Und es ist nicht immer leicht. Dafür wird Ihr Kind stark und kann seinen Gefühlen vertrauen. Diese Eigenschaften helfen ihm, viele Situationen, auf die es in seinem Leben treffen wird, zu meistern.
Und nun wünsche ich Ihnen viel Vergnügen beim (Vor-)Lesen.

Sandra Grimm
Diplom-Pädagogin

Geh nicht mit Fremden!

Florian und Laura spielen mit Lego.
Laura ist Florians Freundin. Sie gehen
zusammen in den Kindergarten. Jetzt
kommen Johanna und Mama in Florians
Zimmer. Johanna tut sich wichtig, weil
sie schon zur Schule geht. Sie fragt:
»Ihr spielt? Für so was habe ich keine
Zeit. Ich muss Hausaufgaben machen.«
»Dann mach die mal«, meint Mama.
Zu Florian sagt sie: »Heute gibt's zum
ersten Mal Taschengeld für dich.«
Sie drückt ihm 50 Cent in die Hand.

»Danke«, sagt Florian. Er freut sich riesig, dass auch er endlich Taschengeld bekommt.
»Dafür kaufen wir Bonbons«, schlägt Laura vor. Die beiden gehen die Straße runter in ihren Lieblingsladen. Dort fragt die Verkäuferin, was sie möchten. Bevor Florian antwortet, kommen eine Frau und ein Mann herein. Jetzt sagt Florian: »Ich möchte zwei Stangen Lakritze und eine Tüte mit Himbeerbonbons.« Dann fällt ihm ein: »Oh, ich hab nur 50 Cent. Reichen die?«
Der Mann hinter ihm sagt: »Du bezahlst die Lakritze. Und wir kaufen euch die Himbeerbonbons.«
Florian strahlt und bedankt sich. Vor dem Laden packen sie die Lakritze aus und beißen rein. Plötzlich steht das nette Paar neben ihnen. Die Frau fragt: »Wohnt ihr hier in der Nähe?«

»Dahinten«, antwortet Florian und zeigt die Straße runter. Der Mann sagt: »Wir begleiten euch ein Stück.«
Zu viert gehen sie los. Als eine Straße abbiegt, hat die Frau eine Idee: »Hier kommt man zur Eisdiele Coletti. Habt ihr Lust auf Eis?« Florian nickt, aber Laura meint: »Ich muss nach Hause. Und mein Papa hat gesagt, ich soll nicht mit . . .«
Florian unterbricht sie: »Ich hab Zeit.«

Eis isst er zu gerne. Laura bittet ihn: »Komm doch mit.«
Soll er tun, was Laura sagt, oder lieber Eis essen?, überlegt Florian. Er entscheidet sich fürs Eis. Laura geht allein weiter. Da fällt Florian ein, was seine Eltern gesagt haben. »Geh nicht mit Fremden!« Er guckt die beiden an. Sie sehen freundlich aus. Trotzdem würden Papa und Mama schimpfen, wenn er mit ihnen geht.

Aber das Eis . . . es ist so lecker! Florian zögert.
»Komm doch!«, verlangt die Frau.
»Wir fressen keine Kinder.« Plötzlich bekommt Florian Angst. Vielleicht lassen die mich nicht mehr gehen, denkt er.
»Willst du nun ein Eis?«, fragt der Mann. Florian antwortet: »Nee!« Schnell läuft er weg. Verfolgen die beiden ihn? Nein, er hört keine Schritte.
Da sieht Florian seine Mutter. Sie kommt ihm entgegen. »Hier bist du ja«, ruft sie aufgeregt. »Laura hat erzählt, du gehst zu Coletti. Mit einem Mann und einer Frau.«
»Hab's doch nicht gemacht«, erklärt er.
Mama lobt ihn: »Das war richtig. Denn manche Menschen sind wirklich böse. Sie tun Kindern weh.« Das weiß Florian. Und er ist ja auch nicht mitgegangen.
Mama schlägt vor: »Jetzt essen wir Eis, du und ich.« Florian sagt: »Zu Coletti will ich nicht. Vielleicht sind die zwei dort.«
»Wir suchen uns eine andere Eisdiele«, meint Mama. Sie nimmt Florians Hand, und sie gehen los. Zum Eisessen!

Besuch am Sonntag

Johanna und Florian spielen Quartett. Richtig spannend ist das. Da hören sie Mama im Flur: »Ich zieh mich schon mal um. In zwanzig Minuten müssen wir los.« Stimmt ja. Sie wollen zu Brinkmanns rüber. Die wohnen zwei Häuser weiter. Ihre Tochter Laura ist Florians Freundin. Jetzt hören die beiden Mama wieder.

Sie fragt Papa: »Meinst du, die Kette passt zu meiner Bluse?«
Er antwortet: »Klar. Aber die Hose passt nicht zur Bluse.«
»Doch!«, widerspricht Mama. Dann fragt sie ihn: »Willst du so losgehen?« Papa antwortet: »Natürlich.« Dazu meint Mama: »Zieh doch mal dein neues Jackett an.« Nun kommt sie ins Kinderzimmer und verlangt: »Ihr müsst euch umziehen!«

Johanna und Florian gucken erstaunt. Denn sie sind angezogen wie immer. Aber Mama meint: »Heute ist Sonntag, und wir besuchen jemanden. Da zieht man was anderes an.«
»Wir gehen zu Brinkmanns rüber«, sagt Johanna. »Die ziehen sich bestimmt nicht um, wenn wir kommen.« Florian nickt.
»Mir ist es egal, was die tun«, meint Mama. »Aber ihr zieht euch was Ordentliches an. Los!« Die Kinder stöhnen.

Dann holt Johanna eine Hose aus ihrem Schrank. Und auch Florian findet eine, die ihm gefällt.
Gleich darauf stehen die beiden im Flur. Mama fällt fast in Ohnmacht. »Ihr seht unmöglich aus!«, schimpft sie. Johanna hat nämlich ihre pinkfarbene Hose an. Mit großen schwarzen Punkten und breitem Gürtel. Mama stöhnt: »Wir gehen nicht zum Karneval. Außerdem passt dir die Hose nicht mehr.«

Zu Florian sagt sie: »Das sind deine alten Jeans. Am linken Knie hat sie ein Loch. Die kannst du zum Spielen anziehen, aber nicht zum Weggehen.«
Nun kommt Papa. »Oh!«, staunt Johanna. Denn er trägt sein neues Jackett und die neue Hose. »Siehst gut aus«, lobt Mama. Von den Kindern verlangt sie: »Los! Umziehen!«
Wieder gehen sie in ihre Zimmer. Als Florian zurückkommt, meint er: »Ich finde keine bessere Hose.« Johanna sagt: »Ich auch nicht. Und in meiner Klasse muss sich niemand am Sonntag anders anziehen.« Florian meint: »Ich mag nicht so ... so ...« Er weiß nicht, wie er sich ausdrücken soll. Schließlich sagt er: »Ich mag nicht so sonntagsaffig rumlaufen. Ich lass die Jeans an!«

»Und ich zieh mich auch nicht mehr um!«, kommt von Johanna. Die beiden stehen im Flur. Ihnen gegenüber stehen die Eltern und stöhnen. Dann sagt Mama: »Na gut, mich nervt das Gerede. Wenn ihr unbedingt wollt, lasst die Hosen an. Schließlich müsst ihr damit herumlaufen.«
»Genau«, meint Papa. »Aber die Schuhe, die putzt ihr.« Die Kinder sehen ihre Schuhe an. Sie sind wirklich schmutzig. Also holen sie einen Lappen und wischen sie sauber.
Johanna und Florian strahlen. Sie haben Nein gesagt zum Umziehen. Und ihre Eltern haben nachgegeben. Die Kinder freuen sich, dass sie das geschafft haben. Ein gutes Gefühl. Wirklich!

Der zerbrochene Teller

Die Kinder der Igel-Gruppe rennen los. Sie spielen Verstecken. Sarah – ihre Erzieherin – steht mit dem Gesicht zur Wand. Die Augen geschlossen. Langsam zählt sie von zehn rückwärts. Wenn sie bei eins ist, wird sie die Kinder suchen. Florian und Laura verschwinden im Bastelzimmer. Unter dem Tisch dort könnten sie sich verstecken. Aber da sitzen schon welche. Also laufen sie wieder auf den Flur. Dann sieht Florian nach oben und entdeckt zwei Teppiche, die im ersten Stock nebeneinander über dem Geländer hängen. Das ist ihr Versteck! Sie rennen die Stufen hoch und kriechen unter die Teppiche. Hier findet sie bestimmt niemand. Dumm ist nur, dass sie nicht sehen können, was unten passiert. Deshalb ziehen sie die Teppiche einen Spalt auseinander. Durch den schauen sie.

Sarah zählt: »Eins!« Florian und Laura kauern nebeneinander. Jetzt ruft Sarah: »Ich komme!« Zuerst sucht sie im Bastelzimmer. Gespannt warten Florian und Laura, was passiert.

Unten geht ein Mädchen in die Küche. Sie spielt nicht mit, weil sie zur Drachen-Gruppe gehört. Die Tür lässt sie offen. Mit einer Hand nimmt das Mädchen einen Teller vom Tisch. Auf dem liegt ein Kuchenstück. Mit der anderen schiebt sie einen Stuhl beiseite. Da passiert es. Sie hält den Teller schräg. Der Kuchen rutscht. Sie will ihn auffangen. Jetzt gleitet ihr der Teller aus der Hand. Er knallt auf den Steinfußboden, klirrt und ist zerbrochen.
Erschrocken starrt das Mädchen auf die Scherben und den Kuchenmatsch. Dann schaut sie nach allen Seiten.

Anscheinend hat niemand etwas bemerkt. Schnell geht sie aus der Küche. Die Tür zieht sie hinter sich zu. Florian und Laura hocken in ihrem Versteck und gucken ihr nach. Eine Erzieherin begegnet ihr. Bleibt das Mädchen stehen und erzählt alles? Nein! Sie läuft vorbei, denn sie hat Angst. Keiner soll von ihrem Missgeschick erfahren. Inzwischen hat Sarah drei Kinder in ihren Verstecken entdeckt. Sie sucht weiter. Das Drachen-Mädchen ist verschwunden. Florian überlegt: Sollen sie der Erzieherin aus der Drachen-Gruppe erzählen, dass dem Mädchen der Teller runtergefallen ist?

Leise fragt er das Laura. Die antwortet: »Ich sag nix!«
Florian überlegt weiter: Ob die Erzieherin es gut findet, wenn sie erfährt, wer das war? Das könnte sein. Trotzdem wäre es gemein, das zu erzählen. Nein! Florian petzt nicht. Obwohl er es doof findet, dass das Mädchen nicht selbst sagt, was passiert ist.

Laura rückt näher zu Florian. Dabei verrutscht ein Teppich über ihnen. Jetzt entdeckt Sarah die beiden und ruft: »He! Da oben seid ihr! Ist ja ein tolles Versteck. Kommt in die Küche. Es gibt Kuchen.«
Florian und Laura stehen auf. Gleich wird Sarah die Scherben und den Kuchenmatsch in der Küche sehen. Aber die beiden verraten nichts. Das ist klar.

Marcus und die Gummibärchen

Florian geht über den Rasen zum Haus. Dabei kommt er an seiner Freundin Laura vorbei. Die spielt im Sandkasten. Nachher wird er mitspielen. Aber zuerst will er in der Küche einen Becher Saft trinken. Als er den einschenkt, steht plötzlich Marcus neben ihm und stöhnt: »Hab ich Durst!«

Sie trinken beide, dann fragt Marcus: »Magst du noch einen Becher?« Florian nickt. Bisher hat Marcus ihn immer übersehen. Der spielt nämlich nur mit den Großen im Kindergarten. Deshalb staunt Florian, dass Marcus mit ihm redet.

Er gießt Florians Becher voll. Der ist ja richtig nett! Jetzt erzählt er: »Bald komme ich in die Schule.«

»Freust du dich darauf?«, will Florian wissen. »Klar!«, antwortet Marcus. »Kindergarten ist Babykram.« Er dreht sich um und möchte gehen. Schnell fragt Florian: »Wollen wir spielen? Im Sandkasten?« Toll fände er das. Die anderen würden staunen.

»Oh nee! Ich weiß was Besseres. Komm mit!« Sie gehen den Flur runter. Vor dem Zimmer der Erzieherinnen bleibt Marcus stehen. Er zeigt zum Schrank neben der Tür und sagt: »Guck mal, da oben!« Vorne auf dem Schrank liegen Tüten mit Gummibärchen. Marcus zählt sie: »Eins, zwei, drei, vier, fünf.« Florian staunt: »So viele!« Gummibärchen schmecken ihm. Und wie!

Marcus grinst und sagt: »Die liegen schon seit gestern hier. Wir nehmen jeder eine Tüte und futtern die draußen bei den Büschen. Da sieht uns keiner.«

Allein kommt Marcus nicht an die Bärchen ran. Denn der Schrank ist hoch. Mit einer Räuberleiter ginge es.

Jetzt fragt Florian: »Wem gehören die Bärchen?«

Marcus antwortet: »Der dicken Cora.

Die futtert immer welche. Los! Wir holen sie uns.«

Florian mag Cora. Sie ist eine nette Erzieherin. Plötzlich flüstert Marcus: »Vorsicht! Da kommt wer.« Ach, das ist Sarah, Florians Erzieherin. Sie wundert sich: »Du spielst ja gar nicht draußen.«

»Hab was zu trinken geholt«, antwortet Florian. Sarah geht weiter. Nun drängelt Marcus: »Wir nehmen zwei Tüten.« Florian würde gerne Bärchen naschen. Aber einfach klauen? »Nee. Ich will nicht!«, sagt er. Marcus schimpft: »Bist 'n Feigling! Los, stell dich mit dem Rücken an den Schrank. Räuberleiter . . . weißt schon.«

»Nein!«, sagt Florian und geht nach draußen. Dort spielt er mit Laura im Sandkasten, bis Sarah ruft: »Kommt rein! Wir wollen zum Baden.«

Sie rennen ins Haus. Vor dem Schrank bleibt Florian stehen. Da oben liegen nur noch vier Tüten. Eine fehlt! Bestimmt hat Marcus die geklaut. Dabei müsste ihm jemand geholfen haben. Oder Cora hat sich die Tüte genommen. Der gehört sie ja.

Florian überlegt, ob er Laura das alles erzählt. Nee, jetzt nicht. Vielleicht später. Die beiden gehen den Flur runter. Irgendwie ist Florian stolz drauf, dass er die Bärchen nicht genommen hat. Obwohl der große Marcus das wollte. Nun hören sie Sarah: »Beeilt euch. Die anderen warten schon!« Jetzt geht es zum Baden!

Die Mutprobe

Florian und Laura sind im Spielzimmer. Sie tragen eine Kiste mit Bauklötzen zum Tisch. Da wird die Tür aufgestoßen. Der große Till kommt rein, hinter ihm stehen Gesa und Philip. Auch die gehören zu den Großen. Till fragt: »Ihr spielt mit Bauklötzen?« Sie nicken. »Das ist doch was für kleine Doofis«, sagt Till. »Macht bei uns mit.« Dann flüstert er: »Wir sind nämlich eine Bande.« Gesa sagt: »Die Tigerbande.« Till redet weiter: »Wir könnten noch zwei mutige Leute brauchen. Also, wollt ihr zu unserer Bande gehören?« Florian und Laura wissen nicht so richtig, ob sie das wollen. Obwohl . . . eigentlich ist es toll, dass die Großen sie dabeihaben möchten. Till sagt: »Aber bevor ihr zur Bande gehört, müsst ihr beweisen, dass ihr wirklich mutig seid.«
»Wie denn?«, fragt Florian.
»Mit einer Mutprobe! Ist doch klar«, antwortet Till. »Los! Kommt mit!«

Irgendwie finden Florian und Laura so eine Bande spannend und geheimnisvoll. Also gehen sie hinter den Großen her zum Spielplatz und weiter zur Rutsche. Dort verscheucht Till erst einmal einen Jungen. Dann erklärt er die Mutprobe. Florian soll die Stufen der Rutsche raufsteigen. Von ganz oben muss er in den Sand runterspringen. »Traust du dich?«, fragt Till. Florian ist unsicher. Trotzdem nickt er. Denn er will ja kein Feigling sein. Laura steht da und guckt. Jetzt steigt Florian die Stufen hoch. Oben hält er sich am Geländer fest. Oh! Das ist höher, als er dachte. Von hier soll er springen? Puuh! Die drei Großen unten feuern ihn an: »Los! Trau dich!«

Aber Florian steht immer noch oben. Und je länger er da steht, desto ängstlicher fühlt er sich. Plötzlich lässt er das Geländer los und geht mit einem Fuß nach vorne. Es sieht aus, als wollte er springen. Nee! Oder doch? Er zögert und schaut zu seiner Freundin Laura runter. Die ruft: »Spring nicht! Das ist zu hoch!« »Feigling! Feigling!«, schreien die Großen. »Spring endlich!« Florian sagt leise: »Nein! Ich bin doch nicht blöd.« Er steigt die Stufen runter. Als er unten steht, meint Till: »Du gehörst nicht zu unserer Bande. Hast die Mutprobe nicht bestanden.« Zu Laura sagt er: »Jetzt bist du dran!«

»Nee!«, widerspricht die. »Ich will nämlich gar nicht zu eurer Bande gehören.« Dann sagt sie: »Wir sind selber eine Bande.«

»Ihr?«, fragt Gesa. »Wie heißt die denn?« Laura antwortet: »Wir heißen . . . die zwei.«

Ihre Erzieherin kommt über den Rasen. Da verschwinden die Großen lieber. Sarah sagt: »Wir machen Schokoeis. Wollt ihr was abhaben?«

»Klar«, antworten Florian und Laura gleichzeitig. Sie gehen hinter Sarah her. Florian flüstert: »Ich wusste gar nicht, dass wir eine Bande sind.« Laura sagt: »Ist mir gerade so eingefallen. Klingt doch gut . . . die zwei. Oder?« Florian nickt und meint: »Und die zwei, das sind wir. Du und ich.«

Florian will keinen Kuss

Florian und Laura wollen vom Kindergarten schnell nach Hause. Sie gehen auf dem schmalen Weg hinter den Gärten, denn der ist eine Abkürzung. Allerdings wohnt hier Florians Geheim-Feindin. Hoffentlich trifft er sie nicht.
»Warum schleichst du so?«, fragt Laura.
»Psst!«, antwortet Florian und zeigt auf das Haus vor ihnen. »Ach, wegen der Nachbarin Frau Seidel«, meint Laura.
Florian nickt und sagt: »Die tut immer so seltsam.«
Laura ist das bisher noch gar nicht aufgefallen. Ihre Mama besucht die Frau Seidel manchmal. Jetzt kommen die beiden zum Eingang von Frau Seidels Garten. Da öffnet sie die Tür, und schon geht es los: »Hallöchen, mein Kleiner! Das ist lieb, dass du vorbeikommst, du Süßer.«
Florian stöhnt leise. Er ist nicht »ihr Kleiner« und »ihr Süßer«. Das nervt, wenn sie so redet.
Frau Seidel versperrt ihnen den schmalen Weg. Sie kommen nicht an ihr vorbei. Dann riecht Florian es wieder.
Ih! Dieses grässliche Parfüm. Und nach Zigaretten stinkt sie. Ganz furchtbar!

Florian will sich an ihr vorbeidrängen. Aber sie hält ihn mit einer Hand an der Schulter fest. Mit der anderen tätschelt sie seinen Kopf. Dann streichelt sie darüber. Sie soll das nicht! Nun mischt sich Laura ein: »Wir müssen nach Hause.«
»Ihr werdet doch ein bisschen Zeit für mich haben«, plappert Frau Seidel. Sie bückt sich und schmatzt Florian einen Kuss auf die Wange. Der ist nass. Igittigitt! Florian möchte weg. Aber sie hält ihn immer noch fest und sagt: »Komm rein. Ich habe Pralinen. Die schmecken meinem Engelchen.«

Zu Laura sagt sie: »Du kannst mitkommen.«
Florian weicht zurück und dreht sich unter ihrer Hand weg. »Sei nicht so bockig!«, verlangt sie.
Laura drängelt: »Wir müssen nach Hause.«
Frau Seidel sagt nur: »Ach was!« Sie nimmt Florians Hand. Schnell zieht er sie weg. Und Frau Seidel beschwert sich:

»Du bist heute aber komisch, mein Kleiner. Komm rein. Los!«
Sie versteht nicht, warum er das nicht möchte. Also muss er es sagen. Traut er sich? Plötzlich platzt er damit raus:
»Ich will nicht mitkommen! Und ich will auch keine Pralinen.«
»Die mochtest du aber sonst immer«, meint Frau Seidel.
»Nee! Ich hab nur nicht gesagt, dass ich

die nicht mag.« Beleidigt steht die Frau vor ihnen. Jetzt sagt Florian noch: »Ich bin auch nicht Ihr Kleiner und Ihr Engelchen oder Ihr Süßer. Ich bin Florian! Und Sie sollen mich nicht antatschen! Und ich will auch keinen Schlabberkuss.«
Frau Seidel schimpft: »Ich war immer nett zu dir. So was Undankbares und Freches habe ich noch nie erlebt!«
Florian drückt sich an ihr vorbei. Dass er undankbar und frech ist, glaubt er nicht. Als sie endlich weitergehen, schnuppert Florian. Das doofe Stinke-Parfüm und die doofen Stinke-Zigaretten von Frau Seidel riecht er immer noch. »Die war ja wirklich seltsam«, meint Laura. Florian nickt und sagt: »Hoffentlich lässt sie mich jetzt in Ruhe.«